AF340968

RÈGLEMENT
DU ROI,

Concernant la Maison de Madame la Comtesse d'ARTOIS.

Du 18 Janvier 1774.

DE PAR LE ROI.

SA MAJESTÉ ayant formé la Maison de Madame la Comtesse d'Artois, & voulant qu'elle soit servie avec la dignité & la décence convenable, & établir des règles pour les dépenses de sa Chambre aux deniers, a jugé à propos de rassembler dans le présent Règlement, tout ce que Sa Majesté veut & ordonne être exactement observé.

ARTICLE PREMIER.

L'UN des premiers jours de chaque quartier, le Bureau s'assemblera, tous ceux qui ont droit d'y assister, seront tenus de s'y trouver & de signer sur le registre, où sera fait mention des absens & de la cause de leur absence; l'appel sera fait dans ladite assemblée, de la Bouche, du

A

Gobelet, & autres Officiers employés fur l'état arrêté par Sa Majefté; tous lefquels Officiers feront tenus de s'y trouver, s'ils n'en ont obtenu difpenfe ou congé de leurs Supérieurs, à peine de privation de leurs gages & appointemens; & fera fait mention pareillement de la caufe de leur abfence.

2.

LE préfent Règlement fera lû dans ladite affemblée, afin que chacun defdits Officiers aient connoiffance de leurs devoirs; l'intention de Sa Majefté étant qu'ils ne púiffent s'abfenter pendant leur quartier ou femeftre, fous les peines fufdites, fans la permiffion de leurs Supérieurs, lefquelles permiffions feront par eux repréfentées au Bureau; & fera commis à leurs fonctions, pendant leur abfence, tel autre Officier que le premier Maître-d'hôtel par femeftre, ou autre fubordonnément en leur abfence, jugera à propos, dont il fera rendu compte à madame la Comteffe d'Artois.

3.

LES premier Maître-d'hôtel, ordinaire ou par femeftre, vifiteront les offices, au moins une fois par femaine, aux heures du travail des Officiers, qui ne laifferont entrer perfonne dans les lieux où fe préparent les viandes pour la Bouche de madame la Comteffe d'Artois, autres que le premier Médecin, les Contrôleurs généraux & Clercs d'offices, le Contrôleur ordinaire de la Bouche, & le Commis au Contrôle.

4.

LE Bureau fera affemblé autant qu'il fera néceffaire, mais au moins une fois la femaine, dans le lieu à ce deftiné, & non ailleurs, pour arrêter les dépenfes, & délibérer celles à faire; pour faire un menu de toute la viande pour les jours gras, ou du poiffon pour les jours maigres, pour la table de madame la Comteffe d'Artois; dans lefquels menus il ne fera fait aucun excès du fonds deftiné; en faifant lefdits menus, il en fera fait un particulier

18. *janvier* 1774.

3

pour les jours que M. le Comte d'Artois mangera avec madame la Comtesse d'Artois en particulier.

5.

ILS auront pareillement égard, en travaillant aux menus, de mettre en revenant-bon ce que la différence des viandes en pourra produire, suivant le changement de saison, comme aussi de présens & autres non fournis par le Pourvoyeur, qui seront servis sur la table de madame la Comtesse d'Artois, & déduits sur l'ordinaire, jour par jour, suivant qu'elles seront servies.

6.

LA table de madame la Comtesse d'Artois étant forte, si elle juge à propos qu'elle soit servie quelquefois moins abondamment, elle en donnera l'ordre à son premier Maître-d'hôtel, qui s'y conformera; & les retranchemens qu'elle aura jugé à propos d'ordonner, seront portés en revenant-bon.

7.

LA table du premier Maître-d'hôtel, sera exactement servie, conformément à l'état & menu général que Sa Majesté en a approuvé; & lorsque le premier Maître-d'hôtel sera absent, le fonds de ladite table sera porté en revenant-bon, à la déduction seulement de ce qu'il conviendra passer aux Officiers pour leur indemnité.

8.

SA MAJESTÉ ne voulant point qu'il soit servi d'autre table que celle de madame la Comtesse d'Artois, & celle que tiendra son premier Maître-d'hôtel; ni qu'il soit fait d'autres consommations que celles nécessaires pour le service des deux susdites tables : Fait défenses à tous Officiers de la Maison, de rien prendre sur leurs billets, des Pourvoyeur, Marchand de vin, Boulanger & autres fournisseurs, sous quelque prétexte que ce puisse être; à l'effet de quoi il ne sera passé auxdits Pourvoyeurs, Marchands & fournisseurs, que ce qu'ils auront réellement fourni & délivré, tant pour la qualité que quantité, pour la table de madame la Comtesse d'Artois, & pour celle que tiendra son premier Maître-d'hôtel ; l'intention de Sa Majesté étant qu'il ne soit alloué aucunes dépenses faites sur des billets particuliers.

9.

ET afin de prévenir tout sujet de plainte & tout inconvénient sur cet objet important, veut Sa Majesté que la recette, tant en gras qu'en maigre pour le service des deux susdites tables, soit, aussitôt qu'elle aura été faite, enregistrée & signée par tous ceux des Officiers qui ont droit d'y assister, lesquels ne pourront s'en dispenser sans cause légitime ; & si aucuns d'eux reconnoissoient quelques abus dans la recette, & qu'ils ne crussent pas devoir la signer ils seront tenus de déclarer la cause de leur refus.

I O.

DANS les cas où madame la Comtesse d'Artois donneroit à manger à plusieurs Dames, & qu'il conviendroit d'augmenter son menu, il sera fait au Bureau, & rapporté au premier Maître-d'hôtel, s'il est présent, qui pourra y changer ce qu'il croiroit convenable ; & lorsqu'il aura visé le menu, le contenu en icelui sera délivré par les Pourvoyeurs, Marchands, fournisseurs & Officiers ; & si en l'absence du premier Maître-d'hôtel, il a été fait quelque dépense extraordinaire pour la table de madame la Comtesse d'Artois, il lui en sera rendu compte par les fournisseurs, afin qu'il puisse avoir une connoissance journalière de tout ce qui se passera ; cependant dans le cas où madame la Comtesse d'Artois ordonneroit quelques extraordinaires pour son dîner & souper, & où on n'auroit pas le temps d'assembler le Bureau pour faire un menu, ou même que les extraordinaires ne seroient pas assez considérables pour mériter un travail particulier, le Contrôleur ordinaire de la Bouche les fera préparer, & en informera dans le jour le Maître-d'hôtel servant, si ce n'est pas par lui que l'ordre en aura été envoyé,

5

& il en fera rendu compte dans la première affemblee du Bureau.

I I.

À la fin de chaque quartier, & au plus tard dans les quatre premiers jours du quartier fuivant, les Officiers du Bureau des deux quartiers ou femeftres, s'affembleront pour arrêter les dépenfes du quartier paffé, & régler celles du courant; lefquelles affemblées ne feront point inter-rompues jufqu'à ce que les dépenfes du quartier précédent foient entièrement arrêtées.

I 2.

SERONT tenus au Bureau trois regiftres reliés, cotés & paraphés; le premier pour y enregiftrer le préfent Règlement, les ordonnances que madame la Comteffe d'Artois pourra rendre dans le courant de chaque année, les marchés des fournitures de la dépenfe, l'inventaire de la vaiffelle, batterie, meubles & uftenfiles des offices, ainfi que de ce qui aura été délivré pour le fervice des Pages, de leurs Gouverneur, Précepteur, Aumônier & domef-tiques; dans le fecond feront enregiftrés les menus, tant ordinaires qu'extraordinaires, les recettes, l'état de diftri-bution des fommes que payera le Tréforier & celui des revenans-bons par défaut de confommation; dans le troifième feront tranfcrits les actes d'affemblée, les déli-bérations, les congés donnés aux Officiers préfens ou abfens pendant le quartier, les noms des garçons d'office, & ceux des Marchands-fournilleurs; tous lefquels regiftres feront écrits de fuite, fans laiffer de blanc, & feront à la garde du Contrôleur général en femeftre, pour être com-muniqués au Bureau; & après qu'ils feront remplis, ils feront portés & gardés au dépôt du Bureau de Sa Majefté, pour y avoir recours en cas de befoin.

I 3.

LE Contrôleur général en femeftre, ou fon Commis, écriront au Bureau, les délibérations qui y feront prifes à la pluralité des voix; & en leur abfence, le Contrôleur-clerc d'office tiendra la plume, que le premier Maître-d'hôtel & autres Maîtres-d'hôtel pourront prendre pour tenir mémoire particulier de ce qui aura été délibéré, même des menus de chaque jour de la femaine, pour les faire voir à madame la Comteffe d'Artois lorfqu'elle le demandera.

14.

TOUTES les dépenfes ordinaires & extraordinaires feront portées fur le livre, & l'arrêté d'icelles figné par les Officiers qui y auront affifté, & par un Maître-d'hôtel, fans qu'il en puiffe être fait & paffé aucune autrement, à peine de radiation: Si cependant il furvenoit quelque ordre de madame la Comteffe d'Artois, l'Officier requis fournira d'abord, s'il ne peut fans retardement du fervice, en rendre compte au premier Maître-d'hôtel ou Maître-d'hôtel fervant au Bureau, ce qu'il fera néanmoins tenu de faire dans le jour, & d'en prendre certificat par écrit, qui fera rapporté fur fon livre; Sa Majefté ne voulant qu'aucunes dépenfes foient portées dans les cahiers, fi elle n'a été faite dans cette forme.

15.

FAIT Sa Majefté défenfes de figner aucuns écrous qu'ils n'aient été exactement vérifiés & calculés au Bureau, à l'effet de quoi ils feront fignés au bas de chaque feuille pour les dépenfes ordinaires; & quant aux extra-ordinaires, les cahiers en feront faits fur les livres d'offices, juftifiés par les certificats énoncés aux précédens articles, & les arrêtés qui en feront faits mois par mois, ou les quatre premiers jours du mois fuivant au plus tard, de manière que dans les écrous defdites dépenfes ordi-naires, ou cahiers des extraordinaires, il n'en foit employé aucune du quartier précédent ou du quartier fuivant, à peine de radiation.

16.

LORSQUE madame la Comteffe d'Artois mangera

18. janvier 1754.

7

avec leurs Majeftés, ou que pour caufe d'indifpofition fa table ne fera point fervie, ou ne le fera qu'en partie, le fonds total, ou de ce qui n'aura pas été confommé, fera porté en revenant-bon, à la déduction de ce qui doit être paffé aux Officiers pour leur indemnité, & il en fera fait à la fin de chaque mois, un état figné d'un Maître-d'hôtel, des revenans-bons qui auront été faits jour par jour fur la table de madame la Comteffe d'Artois, & fur celle que tiendra le premier Maître-d'hôtel, & les fonds des revenans-bons feront employés, ainfi qu'il fera expliqué ci-après.

17.

SA MAJESTÉ ayant ordonné que la defferte de madame la Comteffe d'Artois, retourneroit fur celle que tiendra le premier Maître-d'hôtel, afin de rendre cette table plus honorable, & de le mettre en état de ne pas faire d'extraordinaire; veut & entend que les revenans-bons qui auront été faits en argent fur la table de madame la Comteffe d'Artois, & fur celle que tiendra le premier Maître-d'hôtel, foient employés par préférence à toutes autres dépenfes, au payement des extraordinaires qui auront été faits fur la table du premier Maître-d'hôtel, les jours qu'il aura été privé de cette defferte, ou que dans des circonftances particulières il aura été indifpenfable de fortifier fa table; & le furplus des revenans-bons, s'il s'en trouve, fera employé fur les écrous de la dernière journée du mois de Décembre de chaque année, & employé par préférence au payement des dépenfes extra-ordinaires, qui s'en trouvera d'autant moins retardé.

18.

LES Officiers du Bureau feront des mémoires des nouveautés, fruits, liqueurs, légumes & autres efpèces, pour être préfentés à madame la Comteffe d'Artois par le premier Maître-d'hôtel; & ce qu'elle ordonnera de faire venir, fera mandé & reçu au Bureau, après vérification faite fur les mémoires des Marchands, & enfuite donné

A iiij

à la garde du Contrôleur ordinaire de la Bouche, qui s'en chargera par état, pour rendre compte au Bureau, de l'emploi & confommation qui en fera faite; & attendu qu'il n'y aura point d'autres tables que celles de madame la Comteffe d'Artois & de fon premier Maître-d'hôtel, il doit avoir attention à ne faire venir des chofes fufdites qu'avec ménagement & économie; les nouveautés, fruits, liqueurs, gibier & raretés de préfent, feront pareillement remis à la garde du Contrôleur ordinaire de la Bouche, pour en être ufé de la manière ci-deffus.

<h3 style="text-align:center">1 9.</h3>

LES Officiers de Panneterie & d'Échanfonnerie, iront en perfonne querir l'eau néceffaire au fervice de madame la Comteffe d'Artois, & prendre le vin à la cave du Marchand fourniffant, auquel Sa Majefté fait défenfes de le délivrer à d'autres qu'auxdits Officiers, qui feront tenus de garder fous la clef lefdites eau & vin, à quoi les Maîtres-d'hôtel tiendront la main avec un foin particulier; il en fera ufé au furplus pour les mefures à l'égard des Marchands, & les carafons qui doivent leur être rendus, fuivant ce qui fe pratique dans la Maifon de madame la Dauphine.

<h3 style="text-align:center">2 0.</h3>

LES Marchands de vin, Pourvoyeur & Boulanger, répondront de leurs garçons, qui ne feront changés qu'après avoir averti le premier Maître-d'hôtel, & pourvu au remplacement, de perfonnes non fufpectes, agréées par eux, dont il fera fait mention fur le regiftre à ce deftiné.

<h3 style="text-align:center">2 1.</h3>

TOUT Officier qui aura diftrait des viandes qui doivent être fervies fur les tables, ou employé fur les livres de dépenfes, autre chofe que ce qui aura été réellement & effectivement fourni, fera par délibération du Bureau, deftitué, & ladite délibération fera remife à madame la Comteffe d'Artois, pour y être pourvu par fes ordres;

veut au surplus Sa Majesté qu'aucun Officier, prêtant ferment au premier Maître-d'hôtel, ne soit reçu qu'après enquête faite de ses bonnes vie & mœurs, religion & capacité, dont sera fait rapport au Bureau, auquel lieu il sera reçu à faire son ferment, & dont sera fait mention, à peine de nullité.

22.

CEUX desdits Officiers qui recevront présens ou gratification des Marchands-fournisseurs, seront interdits de leurs charges pour la première fois, & destitués en cas de récidive.

23.

LES Officiers de Panneterie & Échansonnerie, se conformeront à ce qui s'observe pour madame la Dauphine, lorsqu'ils porteront le couvert de madame la Comtesse d'Artois.

24.

AVANT de porter la viande de madame la Comtesse d'Artois, le Maître-d'hôtel servant à la Bouche, examinera si le service est conforme au menu, fera faire l'essai par l'Écuyer, puis la viande sera portée dans le même ordre qui se pratique pour le service de madame la Dauphine.

25.

LES Officiers de la Bouche ne serviront aucunes personnes, sans un ordre exprès & par écrit du premier Maître-d'hôtel, dont ils serviront cependant la table.

26.

LES Officiers du Bureau, ou l'un d'eux, feront des visites fréquentes à la fourrière & autres offices, pour voir que les bois, bougie, chandelle & autres fournitures soient de la mesure, poids & qualités requises, & en rendront compte au Bureau assemblé, qui pourvoira aux abus, s'il s'en trouve.

27.

LA bougie ordinaire pour les appartemens de madame

la Comteſſe d'Artois, ſera délivrée par compte, ſuivant
l'état & menu général, au garçon de la Chambre, déſigné
par la première femme-de-chambre; & la fourniture
extraordinaire ne ſera faite que ſur un billet de la première
femme-de-chambre, que l'Officier de fruiterie ſera tenu
dans le jour, au plus tard le lendemain, de remettre au
Maître-d'hôtel, dont ſera fait état au premier Bureau.

28.

LA veille de l'appel de chaque quartier, le Contrôleur
général fera le recenſement de toute la vaiſſelle d'argent,
batterie de cuiſine & offices, des porcelaines, criſtaux &
autres uſtenſiles dont les Officiers ſont chargés ſur le
regiſtre; & ce qui ſe trouvera rompu ou perdu, ſera
remplacé par leſdits Officiers, à la diligence du Contrôleur
général, ſi la diligence n'a par eux été ſuffiſamment faite
pour le retrouver, & mention d'icelle inſérée au regiſtre,
auquel cas le remplacement ſera fait aux dépens de madame
la comteſſe d'Artois; à l'effet de quoi auſſitôt que l'Officier
chargé de la vaiſſelle, s'apercevra de la perte de quelque
pièce, il en avertira ſur le champ le Bureau, en fera
faire mention ſur le regiſtre, après que l'Officier & le
Contrôleur général en auront fait ou fait faire les recherches
& perquiſitions néceſſaires.

29.

LES mémoires qui feront préſentés au premier Maître-
d'hôtel ou au Bureau, par les Officiers ou garçons, pour
obtenir quelques dédommagemens, augmentations de prix
de leurs fournitures, gratifications ou augmentations
d'appointemens des garçons, logemens & autres dépenſes
extraordinaires, ſeront communiqués avant d'y être ſtatué
au Bureau, à l'Intendant de la Maiſon de madame la
Comteſſe d'Artois, que Sa Majeſté a particulièrement
commis à cet effet, lequel, après avoir examiné leſdits
mémoires, en donnera ſon avis au Chevalier d'honneur,
en ce qui pourra le concerner, & au premier Maître-
d'hôtel; & ſi les demandes de la qualité ci-deſſus énoncées,

11

paroiſſent juſtes, les mémoires feront remis au Contrôleur général de femeſtre, qui en fera rapport au Bureau pour y être fait droit en la manière accoutumée, pour ce qui ne fera point fixé feulement; mais à l'égard des augmentations de dépenſes fixées, qu'il paroîtra indiſpenſables d'établir, lorſqu'elles auront été examinées de la manière ci-deſſus énoncée, & qu'il en aura été délibéré au Bureau, ladite délibération fera préfentée à madame la Comteſſe d'Artois par le Chevalier d'honneur & le premier Maître-d'hôtel, pour recevoir fes ordres, chacun en ce qui pourra les concerner, & alors leſdites dépenſes fixées, qui auront été ainſi nouvellement établies, feront employées fur les cahiers des extraordinaires par chaque quartier.

3 0.

LES marchés des Pourvoyeur, Marchand de vin, Boulanger & autres fourniſſans, feront affichés trois mois avant leur expiration, & les adjudications feront faites au rabais, en la manière accoutumée.

3 1.

LESDITS marchés ne pourront être renouvelés ou prolongés que dans la forme ci-deſſus preſcrite; mais lorſqu'on croira du bien du fervice de continuer les mêmes Marchands ou fourniſſeurs, fans recevoir d'offres au rabais, & que le Chevalier d'honneur & le premier Maître-d'hôtel, & les Officiers du Bureau en feront d'avis; il en fera rendu compte à madame la Comteſſe d'Artois par le Chevalier d'honneur & le premier Maître-d'hôtel, pour, d'après fes ordres, continuer leſdits énoncés.

3 2.

LORSQUE les Pourvoyeur, Marchand de vin & autres fourniſſeurs demanderont des indemnités ou augmentation de prix, fous prétexte de cherté ou de pertes par eux faites, leurs mémoires feront communiqués à l'Intendant de la Maiſon, commis à cet effet, pour en être par lui uſé à cet égard, fuivant ce qui eſt preſcrit par l'article 26 du préfent Règlement; & fi lefdites augmentations ou indemnités font trouvées juftes par le Bureau, après qu'elles auront été ainfi difcutées, il en fera rendu compte à madame la Comteffe d'Artois par le Chevalier d'honneur & le premier Maître-d'hôtel, qui recevront fes ordres pour les faire exécuter au Bureau.

33.

LES dépenfes extraordinaires & indifpenfables qui auront été faites dans la Maifon de madame la Comteffe d'Artois, feront écrites jour par jour fur les regiftres particuliers qui feront délivrés aux Officiers, & rapportés fur ceux du Bureau; & à la fin de chaque mois il en fera fait le relevé, pour en être compofé un cahier à la fin de chaque quartier; lefquels relevés feront communiqués au fufdit Intendant à ce commis, pour être par lui examinés, & par lui fait fes repréfentations, en cas qu'il y eût lieu, au premier Maître-d'hôtel, même aux autres Officiers du Bureau, lefquels auront attention de n'allouer de dépenfes extraordinaires que celles qui auront été réellement faites pour le fervice.

34.

LE Contrôleur ordinaire de la Bouche aura une attention particulière à ce que les Officiers de la Bouche & offices, faffent attentivement leur fervice, tant pour ce qui regardera la table de madame la Comteffe d'Artois, que celle que tiendra fon premier Maître-d'hôtel, qu'il informera, ainfi que le Maître-d'hôtel fervant & le Contrôleur général en femeftre, de ce qu'il remarqueroit de repréhenfible; l'intention de Sa Majefté eft au furplus qu'en évitant tout abus & fauffes confommations, il procure aux Officiers les aifances néceffaires & raifonnables en ce qui le concerne, pour faire un bon fervice.

35.

SA MAJESTÉ ayant par l'article 7 du préfent Règlement, ordonné qu'en l'abfence du premier Maître-d'hôtel

18. Janvier 1774.

1 3

de madame la Comteſſe d'Artois, le fonds de la table ſera
porté en revenant-bon; Sa Majeſté ordonne qu'en ce cas
la deſſerte de la table de madame la Comteſſe d'Artois,
appartienne au Maître-d'hôtel ordinaire, s'il eſt préſent,
lequel ſera tenu ſur cette deſſerte, de nourrir les garçons
ſervant la table du premier Maître-d'hôtel, leſquels ſeront
pareillement obligés de ſervir le Maître-d'hôtel ordinaire
& les perſonnes qu'il invitera à la table compoſée de cette
deſſerte qu'il pourra tenir dans ſon appartement, & à
laquelle il ne ſera ajouté aucun extraordinaire, ſous quelque
prétexte que ce ſoit: Veut pareillement Sa Majeſté qu'il
ſoit délivré au Maître-d'hôtel ordinaire, la moitié du pain
& du vin deſtinés à la table du premier Maître-d'hôtel,
le ſurplus devant être porté en revenant-bon; & qu'il lui
ſoit pareillement délivré les chandelles en entier, la moitié
du bois & de la bougie fixés ſur l'état & menu général
pour la table du premier Maître-d'hôtel, le tout lorſque
par ſon abſence le Maître-d'hôtel ordinaire aura la deſſerte
de la table de madame la Comteſſe d'Artois; à l'égard des
Officiers de Panneterie & Échanſonnerie, il leur ſera
ſeulement paſſé, dans les cas ſuſdits, quarante livres par
jour pour le fruit de madame la Comteſſe d'Artois, & le
ſurplus de ce qui eſt porté ſur ledit état & menu général,
ſera mis en revenant-bon, la ſomme de douze livres par
jour, prélevée pour le fruit du Maître-d'hôtel ordinaire,
ſuivant les arrangemens qu'il prendra avec leſdits Officiers.

36.

DANS les occaſions de voyages où la table du premier
Maître-d'hôtel de madame la Comteſſe d'Artois, ſeroit
rompue, la deſſerte de celle de madame la Comteſſe
d'Artois, lui appartiendroit, s'il étoit préſent, pour ſa nourriture, celle de ſes domeſtiques & garçons ſervant ſa
table; voulant Sa Majeſté que dans les cas où le premier
Maître ou Maître-d'hôtel ordinaire ne ſeroient ni l'un
ni l'autre à la ſuite de madame la Comteſſe d'Artois,
la deſſerte de ſa table ſoit diſtribuée ainſi qu'elle jugera

à propos de l'ordonner, en obfervant toujours de deftiner fur cette defferte, la nourriture des garçons fervant la table du premier Maître-d'hôtel.

37.

SA MAJESTÉ ayant décidé que les Officiers de madame la Comteffe d'Artois, fervant par quartier, venant à dé-céder, ou à fe démettre de leurs charges, les quartiers rouleroient entr'eux, de manière qu'une charge du quartier de Janvier venant à vaquer, elle fera remplie par l'Officier des autres quartiers, qui fe trouvera avoir le plus d'années de fervice dans les autres charges ou emplois qu'il aura ci-devant exercés, ce qui fera également obfervé en cas de vacances dans les autres quartiers, entre tous les Officiers que Sa Majefté a nommés en formant la Maifon, & dans la fuite les quartiers de préférence feront choifis, lors de la vacance de quelques charges, par les Officiers des autres quartiers, qui auront le plus d'ancienneté de fervice dans la Maifon de madame la Comteffe d'Artois.

FAIT & arrêté à Verfailles le dix-huit janvier mil fept cent foixante - quatorze. *Signé* LOUIS. *Et plus bas,* PHELYPEAUX.

A PARIS, DE L'IMPRIMERIE ROYALE. 1774.